もっと知りたいボランティア

1

監修 西尾雄志（近畿大学准教授）

ボランティアって、何？

目次

ボランティアとSDGs

2015年9月25日の国連サミットで、地球環境《かんきょう》を保全《ほぜん》しながら発展《はってん》をつづけるための目標「持続可能《かのう》な開発目標（SDGs）」が採択《さいたく》されました。SDGsは、2016年から2030年の15年間で国連加盟国《かめいこく》が達成すべき17の目標（ゴール）と169のターゲット（ゴールにいたるための具体的な課題）で構成《こうせい》されています。17の目標は、国だけでなく企業《きぎょう》や市民が参加し、社会全体で達成をめざすものとされています。

本書では、ボランティアの活動をSDGsの観点からとらえ、SDGsのどの目標にかかわるかを右のマークでしめしています。

はじめに

思う、学ぶ、おどろく

勉強ってなんでしょうか。「何かを覚えること」「問題をとくこと」。正《せい》解《かい》です。でもそれ以外にも、とても大事なことがあります。中国の古代の思想家の孔子《こうし》はこのようにいっています。

学而不思則罔　学びて思わざれば則《すなわ》ち罔《くら》し
思而不学則殆　思いて学ばざれば則ち殆《あやう》し

どういう意味でしょうか。この場合、「思う」の意味は、今日《こんにち》の日本語の「思う」とはちがって、「自分の頭で考える」ということです。「学ぶ」というのは、本を読んだり、授業《じゅぎょう》を聞いたりして、知識《ちしき》を頭のなかに入れるということです。孔子のこのことばは、現代《げんだい》のことばにするとこんな感じです。本を読んだり、授業を聞いたりしているだけで、つまり頭のなかに知識を入れこむだけで、自分の頭で考えることをしないと、せっかく得《え》た知識を生かすことができませんよ。逆《ぎゃく》に、知識を得ずに、自分の頭で考えているばかりでは、賢明《けんめい》な判断《はんだん》ができませんよ。両方やらないといけませんよ。ということです。

日本の教育も、知識のつめこみだけでなく、自分の頭で考えることに重点を置くようになってきています。この本も、ボランティアに関して、知識をつめこむだけでなく、自分の頭で考える練習をとりいれたいと思います。

これまた古い話ですが、古代ギリシャの哲学者《てつがくしゃ》アリストテレスは、「学問はおどろきからはじまる」と言っています。このおどろきとは、「わっ」と大声でびっくりさせられておどろくおどろきではなく、「そういわれてみれば不思議だ」というおどろきです。そこから、「なんでだろう」という疑問《ぎもん》が生まれ、学問ははじまっていくんだ、とアリストテレスはいっているわけです。

現代の人では、ハーバード大学の「ハーバード白熱教室」で有名な哲学者、マイケル・サンデルは、次のようにいっています。「哲学はわたしたちをなれ親しんだものから引きはなす。新しい情報《じょうほう》をもたらすことによってではなく、新しいものの見かたを喚起《かんき》することによって、引きはなすのだ」。ここに「新しいものの見かたを喚起する」とありますが、「そういわれると不思議だ」という不思議さから、新しいものの見かたがよびおこされるのです。

ボランティアを自分の頭で考える

第1巻《かん》では、ボランティアを考えます。そもそもの段階《だんかい》から考えます。自分の頭で考える練習です。自分の頭で考えるということは、なれるまでは少したいへんです。しかしなれてしまえば、自分の頭で考えないと逆に、気持ち悪くなってきます。先生のいうことはぜったいに正しい、本に書いてあることはぜったいに正しい、だから覚えときゃいい、自分の頭で考える必要ない、と思うことが気持ち悪くなってくるのです。

この本では、自分の頭で考えることを「思考実験」を通して行います。「そういわれてみれば不思議だ、なんでだろう……」というところから、学問を、哲学を、みなさんと展開《てんかい》していきたいと思います。この思考実験は、脳《のう》の筋《きん》トレみたいなもので、くりかえすと脳の基礎《きそ》体力がついてきます。身体的な基礎体力があると、たいがいのスポーツに適応《てきおう》できるように、脳の筋トレで脳の基礎体力ができていると、たいがいの科目に対《たい》応《おう》できるし、社会に出ても応用《おうよう》できます。それでは、ボランティアをテーマに脳のスクワットをはじめましょう。

2022年3月

近畿《きんき》大学　准教授《じゅんきょうじゅ》
西尾雄志《にしおたけし》

参考文献《ぶんけん》　マイケル・サンデル著《ちょ》　NHK「ハーバード白熱教室」制作《せいさく》チーム・小林正弥《こばやしまさや》・杉田晶子《すぎたあきこ》訳《やく》
『ハーバード白熱教室講義録《こうぎろく》＋東大特別授業《じゅぎょう》（上）』（早川書房《はやかわしょぼう》）

ボランティアの現場《げんば》から

中国ハンセン病快復村《かいふくむら》でのボランティア活動

「家《いえ》 -JIA-《ジア》」 原田僚太郎《はらだりょうたろう》さん

ボランティアについて学ぶ前に、じっさいに現場《げんば》で活動した人の体験を聞いてみましょう。原田僚太《はらだりょうた》郎《ろう》さんは、ハンセン病の元患者《かんじゃ》（快復者《かいふくしゃ》）がくらす中国の村の生活環境《かんきょう》を改善《かいぜん》する活動をはじめました。村人と交流するなかで「自分には何ができるのか」「どうしたら意味のあるボランティア活動をつづけていけるのか」を手さぐりしながら、地元の大学生をまきこんで活動を広げていきました。

1対1の人間関係から見えてきたこと

原田僚太郎《はらだりょうたろう》さんは、新聞記者をめざす大学生でした。すぐれたノンフィクション作家である本多勝一《ほんだかついち》の本を愛読し、自分もしいたげられている人の側に立った記事を書きたいと思っていたのです。

原田さんは大学３年生のころから国際《こくさい》ボランティア活動に参加するようになります。ハンセン病快復村《かいふくむら》の支援《しえん》をするため、広東省潮州市《カントンしょうちょうしゅうし》のリンホウ村をはじめておとずれたのは大学４年生のとき。ハンセン病という病気は神経《しんけい》のまひなどに加え、治療《ちりょう》がふじゅうぶんだと、皮ふや手足に障《しょう》がいが残り、患者《かんじゃ》は病気がなおったあとも長く差別や偏見《へんけん》の目にさらされてきました。治療法が確立《かくりつ》されても状況《じょうきょう》は変わらず、元患者（快復者）は人里からはなれた村でくらしているのです。

快復村の人びとはトイレや水道なども満足にととのっていない、そまつな住居《じゅうきょ》でくらしていました。高齢者《こうれいしゃ》ばかりで、病気の後遺症《こういしょう》で炎症《えんしょう》を起こしている皮ふの手あてなども、

団体《だんたい》データ

団体名称《だんたいめいしょう》	「家《いえ》 -JIA-《ジア》」(JOY IN ACTION《ジョイ イン アクション》)
設《せつ》 立《りつ》	2004年
住《じゅう》 所《しょ》	中華《ちゅうか》人民共和国 広東省広州市黄埔区長洲鎮安来三街《カントンしょうこうしゅうしこうほくちょうしゅうちんあんらいさんがい》 44号之二《ごうのに》 1F
電《でん》 話《わ》	+86-20-3472-1415
ホームページ	http://jiaworkcamp.org/

見よう見まねでどうにか行っているありさまでした。

原田さんはここに３週間滞在《たいざい》し、生活環境《かんきょう》を整《せい》備《び》するボランティアを行いましたが、大きな経験《けいけん》となったのは、村人たちと筆談で話をする時間をもったことです。

「ハンセン病だった人たち」ではなく、彼《かれ》らと１対１の人間どうしとしてふれあったことで、自分がやりたいことと、相手が必要としていることの重なる部分が見えたのです。快復村の人たちがほんとうの意味で人間らしいくらしをとりもどすには、生活環境を整備するだけでなく、「社会と切りはなされている」状況を変えなければいけないと考えました。

2002年、原田《はらだ》さんがはじめておとずれたときのリンホウ村。

希望するジャーナリストの仕事につけなかったこともあり、原田さんは大学を卒業すると2003年からリンホウ村に住みこんで活動をはじめました。まずは、地元の大学にはたらきかけ、ワークキャンプに参加してくれる仲間を集めました。

快復村の人びとは、学生たちが自分たちに、最初はこわがっても差別せずに接《せっ》するのをおどろきながらも喜《よろこ》びました。原田さんも中国の学生たちも、つらい思いをしながら生きぬいてきた快復者とさまざまな話をするなかで、大きな力を得《え》ていきます。はじめは、学生と快復者がいっしょに市場に買いものに出かけるすがたを、近くに住む人たちはおどろきの目で見ていました。それがだんだんふつうの風景になっていくと、近くの人たちも快復村をおとずれるようになっていったのです。

ワークキャンプ

国際《こくさい》交流やボランティアの活動方法の一つ。土木作業などの労働をしながら、現地《げんち》の人びとと同じ環境《かんきょう》にとまりこんで交流を行う。

コラム

ハンセン病とは

ハンセン病は「らい菌《きん》」による感染症《かんせんしょう》です。皮ふにまだらのしみやしこりができ、末梢神経《まっしょうしんけい》に菌が感染するとまひが起こります。治療《ちりょう》を行わないと、皮ふ、神経、手足、目などに障《しょう》がいが残ります。1943年にアメリカで治療薬《ちりょうやく》の効果《こうか》が発表され、治療が可能《かのう》となりました。現在《げんざい》は早期発見と早期治療により、障がいを残すことなく、病院に通ってなおせる病気です。ハンセン病はかつてはたいへんおそれられ、また多くの誤解《ごかい》からいみきらわれた病気でした。患者《かんじゃ》や元患者（快復者《かいふくしゃ》）は、長きにわたり差別や迫害《はくがい》を受けました。日本と中国をふくめ世界各地に、患者を収容《しゅうよう》し隔離《かくり》する療《りょう》養《ようじょ》所がつくられました。中国では、患者の快復とともに医療《いりょう》の機能《きのう》を失った療養所が村のようになって、人里はなれた場所に残りました。病気が快復した人びとの多くは、この社会から切りはなされた環境《かんきょう》で生活をつづけなければなりませんでした。

資料《しりょう》　国立感染症《かんせんしょう》研究所

ワークキャンプに参加する中国の大学生たち。村に排水溝《はいすいこう》をつくるためのれんがを運ぶ。

何十年ぶりかの故郷《こきょう》への里帰りが実現《じつげん》

1年後の2004年、原田《はらだ》さんは中国の学生たちとともに「家《いえ》 -JIA《ジア》-」という団体《だんたい》をつくりました。活動のために、お金、人材、情報《じょうほう》をうまく組みあわせるしくみが必要になったのです。

学生ボランティアによって人手はまかなえても、家やトイレを整備《せいび》したり、水道や電気を引くには資金《しきん》が必要です。はじめのうちは寄付《きふ》をよびかけていましたが、それでは足りません。「わたしたちはこのような支《し》援《えん》活動をしています」と、財団《ざいだん》などにはたらきかけて助成金を得《え》るためには、ととのった組織《そしき》をもつ団体が必要でした。

中国には現在《げんざい》でもたくさんの快復村《かいふくむら》があります。JIAにはこれまでに日中あわせてのべ2万人以上の学生が参加し、中国の5つの省の約50の快復村で活動を行っています。

住む家や村の環境《かんきょう》をよくしたり、快復者《かいふくしゃ》の身のまわりの用事を手伝《てつだ》ったりするのがおもな活動です。ほかにも、快復者の体験を聞きとって文章にまとめたり、映像《えいぞう》記録を残したり、ハンセン病についての正しい理《り》解《かい》を世の中に広めたりと、活動はさまざまです。

原田さんが思い出深く語ってくれたのは、快復者の故郷《こきょう》への里帰りを実現《じつげん》できたことです。きっかけは、ある快復者が「じつは家に帰ってみたいんだ」と話してくれたことでした。ボランティアの学生が連絡《れんらく》をとり、何十年ぶりかの里帰りが実現しました。それは快復者にとって、夢《ゆめ》にも思わなかった喜《よろこ》びでした。そして、その喜びはそのままボランティアをする人の喜びにもなるのです。

支援を必要としている人が、心の底でほんとうにもとめていることを語るのはかんたんではありません。何年もの1対1のかかわりをへて、信頼《しんらい》が大きく育ってはじめて、このような支援が実現できたのです。

原田《はらだ》さんと快復者《かいふくしゃ》の女性《じょせい》、蔡《ツァイ》さん。

自分が理想とする社会をつくる第一歩

原田《はらだ》さんは2015年にJIA《ジア》の代表を中国のスタッフにゆずり、現在《げんざい》は顧《こ》問《もん》のような立場でかかわっています。おもに担当《たんとう》しているのは寄付《きふ》をしてくれる個人《こじん》や団体《だんたい》とのつながりをたもったり、活動やお金の収支《しゅうし》の報《ほう》告《こく》をまとめる手助けなどです。

活動の規模《きぼ》が大きくなるなかで、原田さんが大切にしているのは、参加する学生たちの自発的な意思を尊重《そんちょう》することと、自由度の高い活動です。原田さんは「ボランティアをやる目的も意義も人それぞれでいい。自分のやりたいことと、相手の必要とすることとが重なる部分を見つけて、実行できるのがボランティアのおもしろさ」と語ります。

原田さんがJIAをつくってよかったと思うのは、「この活動で学んだことを生かし、JIAをはなれ、新たな場所をつくりはじめる卒業生がふえていること」だそうです。ワークキャンプ的な手法による、人と人との交わりが生かされた、ぬくもりのある活動が生まれています。ボランティア活動に参加することは、こんな場所やしくみがあったらいいなと考えるきっかけ、自分がくらしやすいと思う社会を実現《じつげん》する第一歩になるのかもしれません。

原田さんは、ともに活動する先輩《せんぱい》から教わった「あした出会う人が、ぼくの運命を変えてしまうかもしれないという予感」ということばを大切に活動しています。このことばはJIAのメンバーたちにも伝えられ、中国の若者《わかもの》たちのあいだに広まっているそうです。

第1章

ボランティアって人助けなの？

人を助ける理由

そもそもボランティアとは何なのでしょう。わたしたちがもつイメージをもっともやさしいことばでいうと「人助け」のような感じでしょうか。日常《にちじょう》のなかにもさまざまな人助けの機会があります。みなさんも、ボランティア活動というつもりもなくしぜんに行っていることが多いでしょう。

でも、こまっている人に出会ったとき、わたしたちはかならず助けの手をさしのべているでしょうか。そうとはかぎりません。それはなぜなのか。ここに、ボランティアの本質《ほんしつ》を考えるために必要なヒントがあります。

こまっている人を助けるのがボランティアだとするなら、どんなとき、人は人を助けるのか。あるいは、助けないのはなぜなのか。こうした行動の理由をつきとめるには、頭のなかで、ある事例を想定して思考を展開《てんかい》する実験が必要です。いくつかの例について「思考実験」しながら考えていきましょう。

赤ちゃんとケーキ、どちらを選ぶ？

わたしたちが人助けする理由を考えてみる

ここでは２つの事例を通して「わたしたちはどんなときに人助けをするか、あるいはしないのか」の思考実験をしていきます。これはけっしてあなたが「いい人」かどうかをはかるものではありません。ここに挙げた問いについて自分の頭で考え、想像《そうぞう》できる自分の行動、その理由を素直《すなお》にことばにしていきましょう。

ここに挙げた事例でさっそく思考実験をはじめてみよう。

赤ちゃんの命か、１万円のケーキか

では、さっそく一つの事例で思考実験をためしてみましょう。

今日《きょう》はあなたが通っているダンススクールの先生の誕生日《たんじょうび》です。あなたはスクールで、いちばんの年長です。先生を喜《よろこ》ばせるため、奮発《ふんぱつ》して１万円の高級ケーキを買うことにしました。

ケーキを買ってきたあなたは、両手で慎重《しんちょう》にケーキの箱をもって、町を歩いています。このことを知っていてあなたの到着《とうちゃく》を楽しみに待っている年下の子たち、サプライズに喜ぶ先生の顔を思いうかべながら――。

すると、頭の上から女の人のさけび声がしました。見あげると、８階のマンションのベランダから赤ちゃんが落ちてきたのです！

さあ、あなたはどうする？　考えている時間はありません。

？ どちらを選ぶ？

A　赤ちゃんをよけて高級ケーキをまもる。

B　高級ケーキを手ばなして、赤ちゃんをキャッチする。

おそらくＢを選んだ人が多いのでは？

もちろん赤ちゃんを助けるよ。
ケーキはだめになっても、買いなおせばいい。

赤ちゃんの命をすくえるんなら、
１万円くらいすてたっていいよ！

１万円で 10 人の命がすくえるとしたら

またべつの事例を考えてみましょう。

あなたが電車に乗っていると、NGOの広告《こうこく》が目に入りました。寄付《きふ》をつのる広告で、こんなことが書いてあります。

「あなたの１万円の寄付で、難民《なんみん》キャンプにいる子ども10人の命がすくえます」

人はマンションから落ちる赤ちゃんを目にしたときのように、「考える間もなく」１万円を寄付するでしょうか。落下する赤ちゃんの事例では、１万円と引きかえにすくえるのは１人《ひとり》の赤ちゃん。今回は１万円で、10人の子どもの命をすくえるのです。

？ どちらを選ぶ？

A　寄付する。

B　寄付しない。

うーん。この場合、寄付はしないかな。

広告を見ただけで
寄付する人は少ないんじゃない？

？ 理由を考えてみよう

どうして目の前に落ちてきた赤ちゃんは助けても、難民キャンプの子どもは助けないのでしょうか。

「赤ちゃん」と「NGO の広告」の２つの事例のちがいは何でしょうか。また、１万円のケーキと１万円の現金《げんきん》の価値《かち》は同じなのでしょうか。

たとえば経済学《けいざいがく》の考えかたでくらべると、価値が同じとはいえません。現金の１万円はケーキのようにいたむことはなく、また１万円の価値をもつものと自由に交換《こうかん》できるからです。

このように、いろいろな方向から考えてみてください。

NGO

平和や人権《じんけん》、環境《かんきょう》問題などに関する活動をしている非営利《ひえいり》の民間組織《そしき》。非政府《ひせいふ》組織ともいう。

寄付《きふ》

おもに非営利《ひえいり》活動を行う団体《だんたい》に、活動の助けになるお金やものをわたすこと。災害《さいがい》などの被《ひ》害《がい》にあった人にお金を送る義援《ぎえん》金《きん》も寄付《きふ》にふくまれる。

難民《なんみん》キャンプ

戦争や災害《さいがい》によって、住んでいた国や土地をはなれた人びと（難民《なんみん》）が集まって住む場所。国際《こくさい》連合の機関や NGO が設置《せっち》することもある。

古代の思想家・孟子《もうし》も同じ疑問《ぎもん》をもっていた

2つの事例について「正解《せいかい》がない」といわれると、モヤモヤするかもしれません。ですが、こうした問いは、昔から人類が考えつづけてきた、いわば人類の永遠《えいえん》のテーマなのです。現代《げんだい》のことわざのもととなる多くの名言を残した孟子《もうし》も、社会を見すえながらこのような難問《なんもん》にとりくんでいました。国を統《す》べる王はどのような人間であるべきか、また人が人を助けることについて考えていたのです。

孟子《もうし》
(紀元前《きげんぜん》372？～289？)
古代中国の思想家。儒教《じゅきょう》の創始《そうし》者《しゃ》である孔子《こうし》の思想を受けつぎ、力によってでなく徳によって政治《せいじ》を行うことが正しい王の道「王道」であると説いた。

これからいけにえにされる牛を見た王様の話

紀元前《きげんぜん》300年代に生きた中国の思想家・孟子《もうし》の言行を記録したという古典『孟子』に、次のような話があります。

孟子はある王様に仕えていました。

王様は宮殿《きゅうでん》で、牛を連れている牛飼《うしか》いに会いました。

王様が「その牛をどこへ連れていくのか」と聞いたので、牛飼いはかしこまって答えました。

「これから鐘《かね》の落成の儀式《ぎしき》があるのです。この牛をいけにえとしてささげ、その血を鐘にぬっておまじないをするのです」

すると、王様は、牛をながめて言いました。

王様は「牛の代わりに羊をいけにえにしなさい」と言いました。

出典『孟子《もうし》』第一巻《だいいっかん》・梁恵王章句《りょうけいおうしょうく》 上

「その牛をはなしてやれ。ひどくしょんぼりしているじゃないか。罪《つみ》もないのにかわいそうだ」

そこで、牛飼いが「それでは、鐘の落成式は中止いたしましょうか」と言うと、王様はこう言ったのです。

「式をとりやめにすることはできない。羊を身がわりにしなさい」

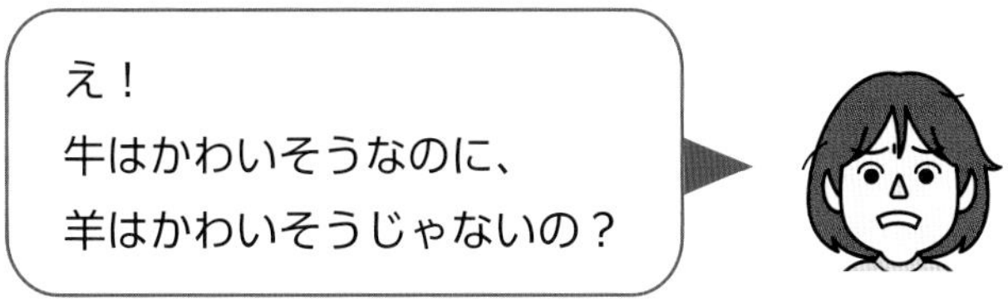

「牛がかわいそうなら、羊だってかわいそう」と、だれもが思ったのではないでしょうか。王様の言動は、牛を羊にとりかえただけで、事態《じたい》を何も変えることのない無意味なものに思えます。

しかし、王様の言動を知った孟子は「それでよいのです」と言うのです。しかも、「この言動こそ、王様が王の立場にふさわしい資質《ししつ》をそなえていることの証明《しょうめい》です」と高く評価《ひょうか》したのです。

？ 理由を考えてみよう

孟子はどのような理由で、
王様の言動が正しいといったのでしょうか。

先に考えた「赤ちゃん」と「NGO の広告《こうこく》」の事例を思い出しながら、じっくり時間をかけて考えてください。「孟子のじっさいのことばを当てたら正解《せいかい》」というわけではなく、自分なりの答えが出るまで考えてみることに意義《いぎ》があります。

まず、目の前にいるものをあわれに思うこと

さて、では孟子《もうし》は王様をどんな意味をもってほめたのかをお話ししましょう。

王様は「罪《つみ》もない牛がいけにえとして連れていかれる、そのあわれな様子を見るにたえなかったので、羊に代えよと言ったのだ」と言いました。

これに対し、孟子はこう言ったのです。

「いけにえの牛の悲しそうなすがたを見て、あわれに思うそのやさしさこそ、王として必要なものです」。なぜ羊はかわいそうではないのかという疑問《ぎもん》への回答は、次のとおりです。「王様は牛を目の前に見ておられるが、代わりにいけにえとなる羊は見ておられなかったからです」。

孟子の言っていることの真意を整理しましょう。

まず、目の前のいけにえの牛に対して、あわれみの感情《かんじょう》をいだく。これが第一に大切なことです。

その次に大切なのは、そのやさしさを目の前にいない羊、つまり民衆《みんしゅう》に対して広げてゆくことなのです。

王様は、とりあえず
目の前の牛に対してあわれみの感情を
いだくことはできている。
目の前にいない羊には、
まだその感情をもっていないけど……。

孟子は、目の前の牛にやさしくできる人は
いずれはその次の段階《だんかい》に行けると
考えたわけだね。

そう。だから「それでよいのだ」と
王様に説いたんだ。

人間は、身近な人に対してのほうが「助けたい」と思いやすい

さて、この孟子《もうし》の話から推察《すいさつ》できるのは、次のようなことです。

人間は、目の前にいる人に対してはあわれみの感情《かんじょう》をいだきやすい。けれど、目の前にいない人にはあわれみの感情をいだきにくい、ということです。

では、なぜ人間は目の前にいない人に対してあわれみの感情をいだきにくいのでしょうか？　この問題を、人間は太古の昔から考えてきました。偉大《いだい》な哲学者《てつがくしゃ》や倫理《りんり》学者や道徳学者が、この問題を考察してきましたが、長いあいだうまい答えを見つけた人はいませんでした。

? 理由を考えてみよう

なぜ人間は、目の前にいない人に対して
あわれみの感情をいだきにくいのでしょうか？

この問いに「あわれみの感情をいだいたほうがよい」という道徳的、倫理的、哲学的、宗教的《しゅうきょうてき》な前提《ぜんてい》をもって答えようとすると、考えがゆきづまってしまいます。そうではなく、人間という生物が進化してきた道すじから考えてみましょう。

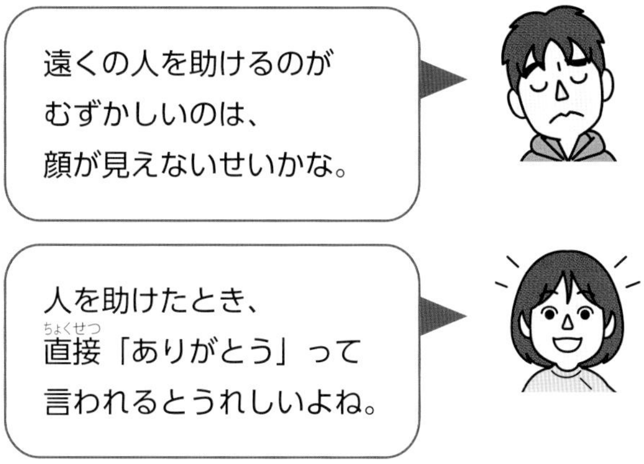

遠くの人と目の前の人は人間にとってどうちがう？

なぜ、人間は目の前にいない人に対しては、あわれみの感情《かんじょう》をいだきにくいのか。太古の昔から議論《ぎろん》されてきたこの問題に、20世紀《せいき》生まれのアメリカ人哲学者《てつがくしゃ》、ジョシュア・グリーンが出した興味深《きょうみぶか》い回答を紹介《しょうかい》します。この回答は「なぜ人はボランティアをやるのか」「ボランティアとは何か」を考えるうえで、重要なヒントをあたえてくれます。

ジョシュア・グリーン

アメリカのハーバード大学心理学科教授《きょうじゅ》。哲学《てつがく》と認知神経《にんちしんけい》科学を学び、人間の道徳的思考を研究している。

進化

長い時間をかけて生物が変化していくこと。そのときの環境《かんきょう》に合った特徴《とくちょう》をもった個体《こたい》が子孫を残し、種のなかでその特徴をもった個体が多くなっていくことによるとされる。

人間は近くの人とだけ協力するよう進化した？

「赤ちゃん」と「NGOの広告《こうこく》」の例で実感したように、わたしたちはすぐそばでこまっている人のためには1万円を犠牲《ぎせい》にできるのに、遠くの飢《う》えている子どもには1万円を出すのがむずかしい、これが正直なところです。とても「牛の代わりに羊をいけにえにせよ」と言った王様を笑うことはできません。

アメリカの哲学者《てつがくしゃ》、ジョシュア・グリーンは、「近くの人は助ける、遠くの人は助けない」問題について、遠くの人を助けない正当な理由を見つけるのはおどろくほどむずかしいと語っています。

しかし、道徳判断《はんだん》に関する脳《のう》のメカニズムを研究するグリーンは、この問題を考えるなかで、生物の進化という切り口を見つけました。そして、生物学的にいって、人間はほかの人間と協力するように設計《せっけい》されたと考えました。ただし、その相手は限定的《げんていてき》です。わたしたちの脳は、集団内《しゅうだんない》で、おそらく個人的《こじんてき》な人間関係の中でだけ協力しあうように進化したのだとグリーンはいうのです。

遠くの人を助ける行動は人間の本能《ほんのう》から外れている

では人間の脳《のう》は、なぜもっと広い範囲《はんい》での協力をうながすように進化できなかったのでしょうか。グリーンは、遠くの人と協力することは、進化を支配《しはい》している原理と相いれないからだと説明しています。

出典　ジョシュア・グリーン著《ちょ》　竹田円訳《たけだまどかやく》
『モラル・トライブズ　共存《きょうぞん》の道徳哲学《てつがく》へ（上・下）』（岩波書店）

自分の属《ぞく》する集団を繁栄《はんえい》させたい。そのとき、遠くにいるべつの集団は視《し》野《や》に入っていませんでした。自分の近くにいる仲間を助ければ、その集団のきずなは強くなります。それが近い将来《しょうらい》、自分を助けてくれることになるかもしれません。かんたんにいうと、自分にとって得《とく》になるわけです。

それにくらべて、世界中の人びと（遠くの人）に対して親身になることは、生存《せいぞん》を目的とするなら得になりません。この説明で、目の前にいない人にあわれみの感情《かんじょう》をいだきにくい理由がちょっとわかったのではないでしょうか。

人間の道徳心には２種類あるようです。一つは人間の本能《ほんのう》に根ざしたもの、もう一つは根ざさないもの。赤ちゃんをとっさに助けようとする行動は、人間の本能に根ざしたものでしょう。そしておそらく、遠くの子どもを助けようとする行動は、人間の本能に根ざさないものなのです。

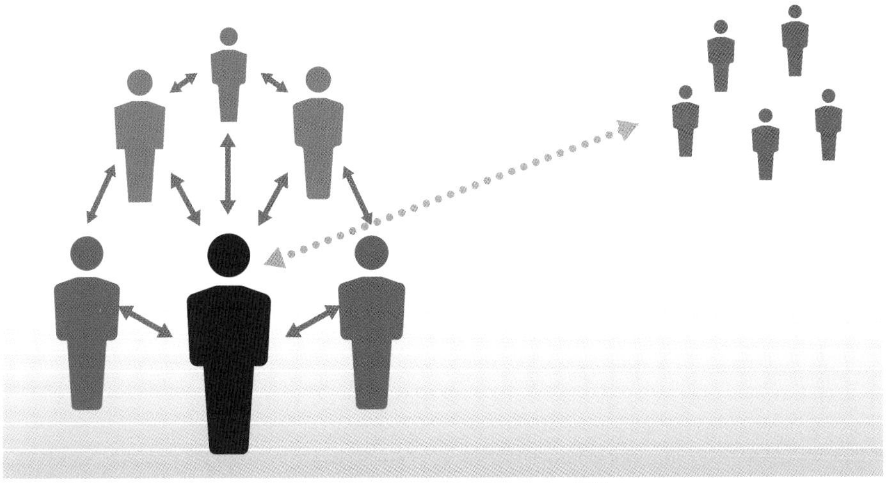

人間は近くの人と助けあって集団《しゅうだん》をつくり、生きのこってきた。

では、ボランティアって何だろう

人が人を助けるのはどんなときなのか、目の前にいない人を助けにくいのはなぜなのかを考えてきました。自分と直接《ちょくせつ》かかわらない人を助ける行動は、人間がもともともっている性質《せいしつ》から生まれたものではないようです。人が人を助けるのはあたりまえ、と単純《たんじゅん》に考えることはできません。

いっぽう、現代《げんだい》の社会でくらしているわたしたちは、一生のうちに会うこともない多くの人びととも、地球環境《かんきょう》や経済《けいざい》などさまざまな分野でつながっています。「遠くの人たち」に無関心でいることはできないのです。

つづく章では、ボランティアの原則《げんそく》について考えてみましょう。どのような人、どのような活動をボランティアとよぶのでしょう。また、ボランティアの原則が生まれたのはなぜでしょうか。

第2章

ボランティアの原則《げんそく》

ボランティアの原則《げんそく》とは

「ボランティア」ということばは、英語のvolunteer《ボランティア》という単語がもとになっています。volunteerには志願者《しがんしゃ》、有志《ゆうし》などの意味がありますが、日本で使われる外来語としての「ボランティア」は、今日《こんにち》、またちがう意味をもっています。

現代《げんだい》の日本では、ボランティアは「自発性《じはつせい》」「公《こう》共性《きょうせい》」「非営利性《ひえいりせい》」をそなえた活動とされています。もっとも、社会が変化するにつれてこの原則《げんそく》も変わっていく可能性《かのうせい》があります。そもそも、大昔には「ボランティア」ということばもなかったのですから。

これからこの3つの原則についてくわしく解説《かいせつ》します。キーワードを暗記するのではなく、そのなかにこめられた意味についていっしょに考えていきましょう。

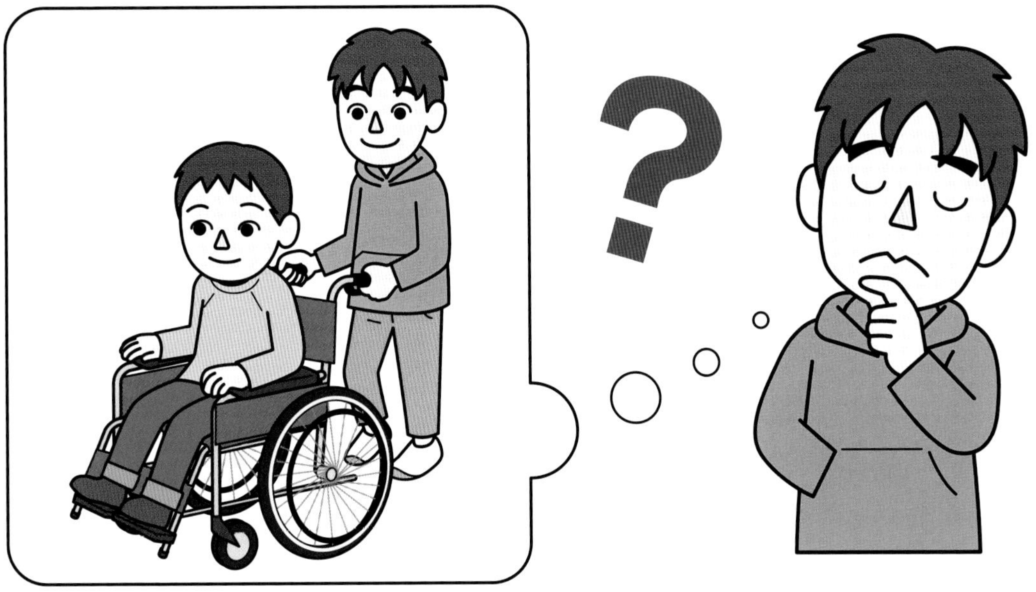

これって「ボランティア」？

ボランティアの３原則《げんそく》
「自発性《じはつせい》」「公共性《こうきょうせい》」「非営利性《ひえいりせい》」

みなさんはボランティア活動というと、どんなものを思いうかべるでしょうか。福祉《ふくし》ボランティア、海外協力ボランティア、環境《かんきょう》ボランティア、介助《かいじょ》ボランティア、災害《さいがい》ボランティア、ごみ拾いボランティア……数えあげればキリがありません。内容《ないよう》は多種多様ですが、ボランティアは３つの原則《げんそく》を満たすものとされています。その３原則とは「自発性《じはつせい》」「公共性《こうきょうせい》」「非営利性《ひえいりせい》」です。

３原則《げんそく》をもとに、ボランティアのあるべきすがたを考える

ボランティアの３原則《げんそく》「自発性《じはつせい》」「公共性《こうきょうせい》」「非営利性《ひえいりせい》」について、その意味を確認《かくにん》しましょう。とりあえず現代《げんだい》の日本では、この３つのすべてを満たしている活動が、ボランティアといえることになります。

１ 自発性《じはつせい》　だれかに命令されるのではなく、自分から進んで行う。

本の点字翻訳《ほんやく》をする。

義務《ぎむ》ではなく、自分から「やってみたい」と思う気持ちがボランティアの原点です。「こんな助けが必要なのでは？」と思いつき、世の中にまだない活動のスタイルやしくみをみずから考えてはじめる人もいます。

2 公共性《こうきょうせい》 家族や身近な人のためではなく、広くみんなのためになる。

歩道の花壇《かだん》の世話をする。

親しい人に親切にするのとはちがい、ボランティアが対象《たいしょう》とするのは不特定多数の人たちです。社会を構成《こうせい》する一員として、社会の役にたち、みんながゆたかにくらせるようにささえあう活動です。

3 非営利性《ひえいりせい》 仕事でやっているのではない。お金もうけではない。

被災地《ひさいち》で土砂《どしゃ》やがれきをかたづける。

ボランティアは、社会に参加したい、人を助けたいという思いからはじまるもので、活動に対して報酬《ほうしゅう》をもとめません。お金もうけや利益《りえき》を目的とすることもありません（→25ページ）。

? アイデアをもちよろう

ボランティア活動を行ううえで重要なのはどんなことか、それぞれに考えてみましょう。「自発性《じはつせい》」「公共性《こうきょうせい》」「非営利性《ひえいりせい》」について、またそのほかに大切にすべきことがあるとしたら何でしょうか。

3つの原則《げんそく》に反しないよう注意して、考えてみましょう。

公共

英語の public《パブリック》 を訳《やく》したことば。私的《してき》なこと（private《プライベート》）に対して、社会一般《いっぱん》や公《おおやけ》のこと、社会に参加する人みんなが広く共有するものなどをさす。

営利《えいり》

財産《ざいさん》やお金をふやし、利益《りえき》を得《え》ようとすること。お金もうけ。

ボランティアはほんとうに3原則《げんそく》を満たしているの？

もしかすると、「ボランティアのなかには、この3原則《げんそく》にあてはまらないものもあるんじゃないかな」という疑問《ぎもん》をもった人もいるのではないでしょうか。じっさい、ボランティアの発展《はってん》とともに活動内容《ないよう》は多様になり、また社会の変化によって活動のありようも変わります。ボランティアの3原則が、現実《げんじつ》のボランティア活動のなかでどうなっているか、考えてみましょう。

阪神《はんしん》・淡路大震災《あわじだいしんさい》

1995年1月17日に発生した兵庫県南部地震《じしん》による災害《さいがい》。地震による家屋倒壊《とうかい》や火災《かさい》で、兵庫県神戸市《こうべし》を中心に多くの被害《ひがい》をだした。

自発性《じはつせい》とは？　学校とボランティア

現在《げんざい》、小・中学校の教育課程《かてい》ではボランティアをはじめ自然体験や職場《しょくば》体験、地域《ちいき》の人びとと交流する活動など、現場《げんば》での体験学習がふえています。高校では、学校外でのボランティア活動が単位認定《にんてい》される場合もあります。

学校主導《しゅどう》でボランティア活動が広く行われるようになったきっかけは、1995年の阪神《はんしん》・淡路大震災《あわじだいしんさい》です。災害《さいがい》ボランティアの活動が大きく報道《ほうどう》され、被災地《ひさいち》への貢献《こうけん》のみならず、参加した人自身の人間的成長にも注目が集まったためです。

しかしボランティアの体験が、活動の場や内容《ないよう》をすべて決められたなかで行われるなら、ボランティアを学んだとはいえません。ボランティアの原則《げんそく》の一つ、自発性《じはつせい》をもたないからです。

自発性はまず、この活動をやってみよう、やりたいと感じることです。これはボランティア活動をはじめるときの大きな原動力であり、その後の活動の基礎《きそ》にもなります。ボランティアをする喜《よろこ》びや人間的成長も、やってみようと心が動くことからはじまるのです。また自発性は、市民一人《ひとり》一人が、社会に自分からかかわっていこうとする姿勢《しせい》をさすことばでもあります。

もちろん、知識《ちしき》もきっかけもなければ、やってみようという思いは生まれません。社会がかかえる問題や、ボランティアの現場《げんば》について知る機会をもうけ、学校がボランティアと出会う場になることが、ボランティア学習の第一歩です。

非営利性《ひえいりせい》とは？　ボランティアとお金

非営利性《ひえいりせい》とは「お金もうけを目的としない」という意味で、ボランティアがまったくお金とかかわらないわけではありません。ボランティアとお金については誤解《ごかい》されている点も多いので、ボランティア活動をする個人《こじん》と団体《だんたい》を分けて考えてみましょう。

個人　個人としてのボランティアは、お金をもらうことを活動の第一の目的にはしません。交通費《こうつうひ》など活動にかかるお金も、個人が使う分については個人で負担《ふたん》するのがふつうです。

しかしボランティア活動のなかには、長くかかわりつづけることをもとめられるものがあります。そのような場合には、個人のボランティアに少《しょう》額《がく》の謝礼《しゃれい》を出すしくみをつくることもあります。また、活動時間に昼食などの時間がふくまれるときに食事が提供《ていきょう》されたり、イベント運営《うんえい》のボランティアに記念品が配られたりすることもあります。これらは非営利性に反しないと考えられています。

団体　安定したボランティア活動をつづけていくために、NPO法人（→42ページ）をはじめとした団体をつくることがあります。団体を運営するには運営費《うんえいひ》が必要です。団体がほかの事業を行い、かせいだお金を団体の運営費にあてるのは、非営利活動の一環《いっかん》としてみとめられています。営利《えいり》を目的とする企業《きぎょう》とのちがいは、事業で得《え》られたお金（利益《りえき》）を分配するかどうかです。

また、活動によって助かる人に、活動に見あう代金をもとめることはありません。しかし、団体の会員になってもらい、会費《かいひ》をもらって運営費にあてることがあります。一般《いっぱん》の人からの寄付《きふ》や、財団《ざいだん》からの助成金も大きな収入源《しゅうにゅうげん》の一つです。

団体の運営費には、団体ではたらく職員《しょくいん》の給料もふくまれます。団体に属《ぞく》してはたらく人がじゅうぶんな給料を得《え》て生活できることは、団体の活動を安定してつづけるためにも大切です。

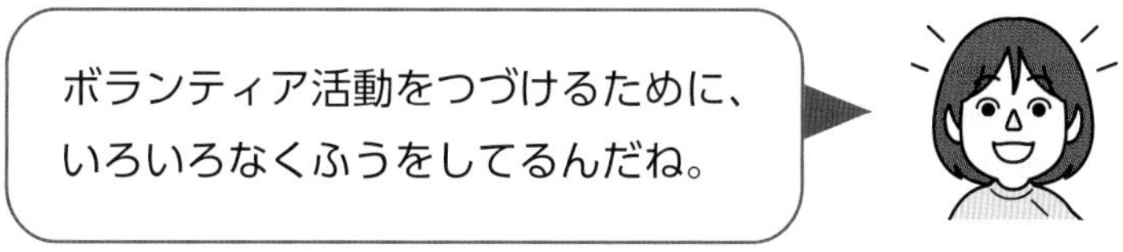

公共性《こうきょうせい》とは？　家族を助ける、友だちを助ける

3原則《げんそく》の「公共性《こうきょうせい》」は、「家族や身近な人のためではなく、広くみんなのためになること」とされています。では、その線引きはどこにあるのか、次の事例で考えてみましょう。

［事例A］ あなたはボランティア活動をしてみたいと思いたち、ボランティアセンター(→43ページ)に行ってみました。センターではボランティアを必要としている人を紹介《しょうかい》してくれます。

あなたの家の近所で、車いすを利用している人がいて、車いすをおすボランティアをさがしているそうです。あなたは、指定されたなかで、都合のつく日時にその人をたずね、その人が外出する際《さい》に車いすをおしました。

［事例B］ あなたには仲のいい友だちがいます。よくいっしょに遊びに行ったり、ごはんを食べに出かけたりします。その友だちは交通事故《じこ》にあい、足に障《しょう》がいが残ったために車いすを利用しています。友だちとどこかに出かけたりするとき、あなたは車いすをおします。

くらべてみよう

2つの事例は、それぞれボランティア活動にあたるでしょうか。理由もあわせて考えてください。

知らない人の車いすをおすのは、
「広くみんなのため」だから
公共性をもつ活動だよね。

友だちを助けるのは
「みんなのため」には入らないのかな？

もし車いすをおしているうちに
仲よくなったら、友だちと同じじゃないの？

公共性《こうきょうせい》と親密性《しんみつせい》

「公共性《こうきょうせい》」の反対は「親密性《しんみつせい》」です。

同じ「車いすをおす」行動でも、親密《しんみつ》な人（家族や親戚《しんせき》、親しい友人）

の範囲《はんい》のなかで行うと、それは「公共性」を満たしているとはいえないので、ボランティアではありません。

たとえば、家で自分のおじいちゃんの介護《かいご》を「自発的に・無償《むしょう》で」しても、ボランティアとはみなされません。しかし、高齢者施設《こうれいしゃしせつ》で自発的に無償で介護をするとボランティアとよばれます。

ボランティア活動を持続するなかで支援《しえん》する相手と友だちのように親しくなったとしても、それはボランティア活動といえます。また、支援する相手と親しくなるのは喜《よろこ》ばしいことですが、かならず仲よくならなければいけないわけではありません。支援する側もされる側も対等に、尊重《そんちょう》しあう態度《たいど》をもつことがボランティアの精神《せいしん》です。

身近な世界とボランティア

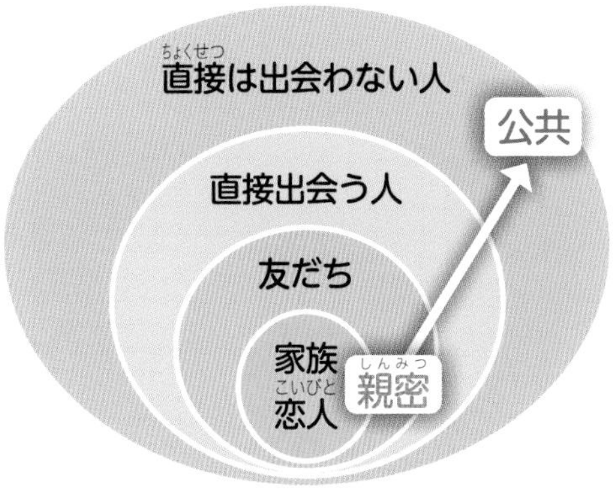

愛情《あいじょう》や友情で結びついた家族、恋人《こいびと》、友だち（親密《しんみつ》な区域《くいき》）から、直接《ちょくせつ》は出会わない人（公共の区域）にまで思いやりや共感を広げていくことが、ボランティアのはじまりといえる。

3原則《げんそく》を近代社会から考える

19世紀から20世紀にかけて活躍《かつやく》した社会学者のマックス・ヴェーバーは、社会や経済《けいざい》の変化を、人びとがものごとをどのように理解《りかい》しているか、という観点から考えました。

かんたんにいうと、近代になって人間は、「呪術《じゅじゅつ》から解放《かいほう》」され、合理的にものごとを考え、理解するようになりました。そうなるとどうなるか？　資本主義《しほんしゅぎ》と官僚組織《かんりょうそしき》が発達します。それにより、複雑《ふくざつ》なシステムをいとなめるようになります。その結果、人類はこれまでと比較《ひかく》できないくらいゆたかになりました。

しかし合理化が貫徹《かんてつ》した社会では、人間はお金にならないことや、命令されていないことをやりたがらなくなり、出世のために専門知識《せんもんちしき》をつめこむだけの人間になってしまう、とヴェーバーは指摘《してき》しました。

ここでボランティアについて考えると、ボランティアは、ヴェーバーがいう近代の人びととは正反対です。

だれから命令されることもなく（自発性《じはつせい》）、

たとえお金はもうからなくても（非営利性《ひえいりせい》）、

社会をよくするために行動する（公共性《こうきょうせい》）。

ボランティアの３原則《げんそく》は、近代社会が生んだゆがみを正す作用をもっています。ボランティアは、社会に新たなものの見かたや考えかたを提案《ていあん》する存在《そんざい》だともいえそうです。

マックス・ヴェーバー
（1864～1920）

ドイツの社会学者。社会のなりたちについて研究する社会学を確立《かくりつ》し、後の研究に大きな影響《えいきょう》をあたえた。

資本主義《しほんしゅぎ》

利益《りえき》を得《え》ることを最大の目的とした経済《けいざい》活動や、その経済活動を中心にした社会のしくみ。

第3章

ボランティアにひそむワナ

見えにくいところに ワナがある

自分の意思で、利益《りえき》をもとめず、世の中のためになることをする——多くの人がボランティア活動は「いいこと」だととらえているでしょう。

しかし、ここでまた立ちどまって考えてみるべきことがあります。「世の中のためになること」の中身についてです。

それは、だれにとってのいいことなのでしょうか。自分から見える範囲《はんい》ではいいことであっても、その行動はだれかにとって悪い結果に結びついていないでしょうか。

その時代にはよいとされていること、少なくともだれかにとってはよいことのかげに、思ってもみない悪いことがかくれていることがあります。それを見きわめる責任《せきにん》は、行動するわたしたちにあります。

国立ハンセン病療養所《りょうようじょ》の一つ、多磨《たま》全生園《ぜんしょうえん》にはいくつもの教会や寺院があります。

©八重樫信之撮影／朝日新聞社

だれにとっての「いいこと」なのか

「こまっている人を助けたい」「役にたちたい」。この思いはボランティアを行う人の原点です。しかし、その行動がどこにつながりうるかを考えておかないと、思わぬ「悪いこと」に手をかしてしまうことにもなりかねません。いくつかの事例を通して考えてみましょう。

戦闘行為《せんとうこうい》はボランティアといえるのか？

次の事例について思考実験を行ってみましょう。

あなたは、とある海外の国に旅行に行きました。ところが、その国はひどい状態《じょうたい》でした。国民は飢《う》え、路上には餓死寸前《がしすんぜん》の子どもたちがねています。そんななか、あなたはこの国の再生《さいせい》を願うグループの人たちに出会います。グループのリーダーはこう語ります。

「この国では、軍人が富を独占《どくせん》し、民衆《みんしゅう》を貧困《ひんこん》におとしいれ苦しめている。正そうにも、選挙さえ行われていないので、腐敗《ふはい》した政府《せいふ》を平和的な方法で追いはらうことはできない。武器《ぶき》をもってたたかうしかないんだ。いまは一人《ひとり》でも多く仲間が必要だ」

あなたは、国をよくするため、命をかけてたたかっている人たちのことばに深く感動したのです。

？ どうするか考えよう

「わたしの国の戦争に協力してください」とたのまれたら、あなたはどうしますか？　また、その活動はボランティアといえると思いますか？　なぜそう思うか、理由も考えてください。

武器で人をきずつけるのはだめじゃないかな。

自分の国の問題だったらわたしもたたかうかも。

ほかの国の戦争の手伝《てつだ》いはボランティアといえる？

善意《ぜんい》とハンセン病隔離政策《かくりせいさく》

このように、ボランティアの3原則《げんそく》を満たしていたとしても、まちがいなくいいことだとはいいきれない場合があります。これを見きわめるには、「世のためになるいいこと」とはなんなのかをしっかり考えなければなりません。これはとてもむずかしいことです。

いえ、じっさいは「それはほんとうにいいことなのかな？」という素《す》直《なお》なうたがいは、幼《おさな》い子どもでももつことができるはず。しかし、「世の中で決まっているから」「一般的《いっぱんてき》にこれが正しいから」と、心にうかんだ疑問《ぎもん》をなかったことにして思考停止《ていし》におちいる――これこそが問題なのです。

一つ、例を挙げてみましょう。かつて、日本ではハンセン病（→7ページ）にかかった患者《かんじゃ》を強制的《きょうせいてき》に隔離《かくり》する政策《せいさく》をとっていました。患者の多くはふるさとや家族から引きはなされ、療養所《りょうようじょ》で一生をすごしました。

療養所の敷地内《しきちない》には、寺や教会などの宗教施設《しゅうきょうしせつ》がつくられ、それぞれの宗教の指導者《しどうしゃ》や信者たちが療養所をおとずれました。彼《かれ》らは患者の手助けをし、信仰《しんこう》が患者の心のささえになった面もあります。しかし彼らの行動が、強制隔離政策に手をかしてしまったという側面は否定《ひてい》できません。

現在《げんざい》では、ハンセン病に対する国の強制隔離政策はまちがっていたと裁判《さいばん》でもみとめられています。しかしここで考えてほしいのは、もし自分が当時の社会にくらしていたらどうかということです。自分なら問題に気づけていたと自信をもっていえる人はいないでしょう。

過去《かこ》の時代に起こったできごとについて、現代《げんだい》の視点《してん》から批判《ひはん》するのはかんたんなことです。その点に注意しながらも、ハンセン病の事例からは、善意《ぜんい》で自発的に人助けをしているのだから、ぜったいに正しい、と思いこむ危険性《きけんせい》について学ぶことができます。

コラム

ハンセン病を知るために

ハンセン病患者《かんじゃ》（元患者、快復者《かいふくしゃ》をふくむ）をめぐる問題は、人権《じんけん》、医療《いりょう》、福祉《ふくし》など、さまざまな分野の歴史を考えるうえでとても大切なものです。ハンセン病について知ることができるウェブサイトを紹介《しょうかい》します。

・国立《こくりつ》ハンセン病資料館《びょうしりょうかん》 キッズコーナー
http://www.hansen-dis.jp/kids/
参考になる本やビデオの情《じょう》報《ほう》、語り部の話が聞ける動画などを見ることができます。

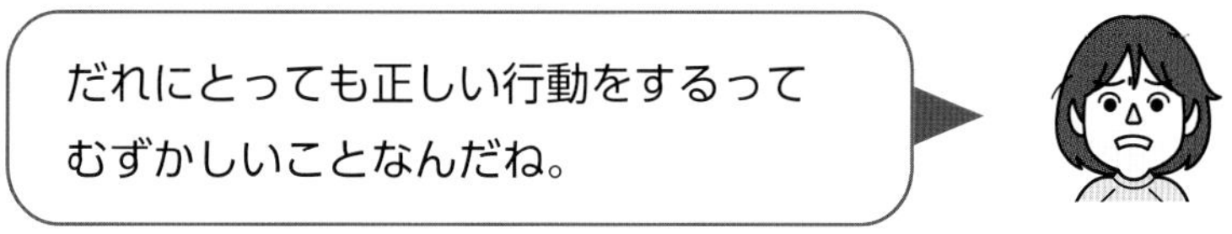

参考資料《しりょう》 荒井英子著《あらいえいこちょ》『ハンセン病とキリスト教』（岩波書店《いわなみしょてん》）

ボランティアを
悪い目的に利用されたら
ショックだよ。

ボランティアは利用されやすい

ボランティアは「自分さえよければいい」という考えかたとは反対の立場といえます（→27ページ）。しかし、自分のことよりほかの人や社会全体のことを考える姿勢《しせい》や行動は、社会の側から利用される危険《きけん》をはらんでいます。

太平洋戦争中の日本で、何が起こっていたかを考えてみましょう。「戦争に勝つためには、国民みんなの力が必要です」とあおられ、「みんなのために戦争に行く兵隊さんは国の名誉《めいよ》だ、英雄《えいゆう》だ」とまつりあげられることで、国民はみずから進んで戦争に協力するよう仕むけられたのです。現《げん》代《だい》でも同じことが起こらないとはいえません。

また、仕事として人をやとい、給料をはらってしてもらうべきことを「人のためになるのだから」「あなたの経験《けいけん》になる」などと理由をつけて「ボランティア活動」とよぶ例もあります。自分がボランティアとして行うべき活動なのか、そこに人を都合よく動かそうとする思惑《おもわく》がないか、ボランティアをする側も注意深くならなければなりません。

たとえばこんな事例ではどうでしょう。

あなたは無償《むしょう》であるボランティア活動に参加しています。しかし、その活動を企画《きかく》している団体《だんたい》が、じつは活動によって多くの収益《しゅうえき》を得《え》て、ひとりじめしていたとわかったのです。

？ こんなときどうする？

あなたはどうしますか？　あなた個人《こじん》として、また団体はどうあるべきか、両面から考えてください。

お金の流れが
どうなっているか、
きちんと公開してほしい。

自分が、無償でいいから
活動をやりたいと思うなら
そのままつづけていいんじゃない？

コラム

ボランティア団体《だんたい》と収支《しゅうし》

ボランティア団体《だんたい》は、多くが寄付《きふ》を受けつけています。その使い道をふくめて、年ごとに収入《しゅうにゅう》と支出《ししゅつ》をまとめた収支報告《ほうこく》を公開するのがふつうです。団体が行う会で報告したり、団体のホームページなどで公開したりします。

また、NPO法人（→42ページ）には、前の年度の事業報《ほう》告書《こくしょ》をつくり、担当省庁《たんとうしょうちょう》に提出《ていしゅつ》するとともに、会員や関係のある人に公開する義務《ぎむ》があります。寄付や募金《ぼきん》をするときは、これらの報告で活動の様子をたしかめるとよいでしょう。

参考資料《しりょう》　中野敏男著《なかのとしおちょ》『大塚久雄《おおつかひさお》と丸山眞男《まるやままさお》　動員、主体、戦争責任《せきにん》』（青土社《せいどしゃ》）

ボランティアは自己満足《じこまんぞく》か？

先に挙げた問題の議論《ぎろん》は、かなりむずかしいものです。参加者にかくして利益《りえき》や労力をだましとるのは悪といえるでしょう。しかし知ったうえで、本人が納得《なっとく》してやっている、あるいはそれでも楽しいからやっているというなら、それを否定《ひてい》するのはむずかしいからです。

いっぽう、ボランティア活動には、活動の対象《たいしょう》となる相手がいます。こちらは「自分が納得していればよい」というわけにはいきません。活動するほうはいいことをしている気分になっていても、相手にとってほんとうに役にたっているのだろうか？　という問いは、ボランティアにつねにつきまといます。

勝手な自己満足《じこまんぞく》におちいる危険《きけん》をさけるには、自分の行動を検証《けんしょう》するとともに、活動の対象になる人に率直《そっちょく》な気持ちをいってもらい、場合によっては行動を改める姿勢《しせい》が必要です。ただし、善意《ぜんい》・無償《むしょう》で支援《しえん》してくれている相手に、率直な気持ちはいいにくいことを理解《りかい》しておかねばなりません。

そう考えると、ボランティア活動をするには、ボランティアをする側とされる側という立場を意識《いしき》させないような、しぜんな人間関係をきずく必要もありそうです。

? どう考える？

ボランティアと自己満足の問題をどう考えますか？

役にたっているつもりで
相手をこまらせていたらイヤだな。

いいことをして、
気分がよくなること自体は悪くないよ。

自己満足かそうじゃないか
くっきり分けるのもむずかしいよね。

第4章

ボランティアを育てるカギ

すべては話し合いから

「善意《ぜんい》で自発的《じはつてき》に行っているのだから、ぜったいに正しい」と思いこんでしまう危険《きけん》はだれにもあります。その危険をできるだけさけるには、どうすればいいのでしょうか。

それには、いろいろな立場の人が集まって自由に議論《ぎろん》を展開《てんかい》することしか方法がありません。「こういうボランティアがしたい」と思っている人、ボランティアの対象《たいしょう》となる人、その分野に専門的《せんもんてき》な知識《ちしき》をもっている人。ちがう立場の人がいるほど、多くの視点をとりいれることができます。

これはいいボランティアなのか。自己満足《じこまんぞく》で役にたたない内容《ないよう》になっていないか。目の前にいる人のことを考えられていないんじゃないか。それを検証《けんしょう》するための、有効《ゆうこう》な話し合いの方法を考えていきましょう。

話し合いはボランティアの大切な活動です。

話し合いによって
よりよい結論《けつろん》をみちびく

少人数で話し合うと、考えがかたよってしまいがちです。多くの人の知恵《ちえ》を集めれば、いろいろなアイデアが出ます。しかし、たくさんの人で話し合うことにはむずかしさもあります。「自由に話す」ことがよいとはいっても、まとまらなくなってしまいそうです。ここでは、いいボランティアをめざす集団《しゅうだん》にとって有効《ゆうこう》な話し合いの技術《ぎじゅつ》を紹介《しょうかい》します。

いい結論《けつろん》をみちびくのに必要なもの

　みなさんは学級会などで意見をまとめるとき、どんなふうに決めているでしょうか。たとえば、クラスの文化祭のだしものを決めるとき。「おばけ屋敷《やしき》」「合唱」「たこ焼き屋さん」「劇《げき》」などなど、案を出しあっても、それを提案《ていあん》した理由をそれぞれ語ったりはせず、多数決をとって決めることが多いのではないでしょうか。

　国会や地方議会の議員を決める選挙も多数決ですから、多数決でものごとを決めるのはあたりまえに思えるかもしれません。たしかにだれもが等しく一票をもつ多数決は公平に見えます。しかし、自分の都合しか考えない人が多数決でものごとを決めようとすると、少数《しょうすう》派《は》（マイノリティ）の意見は永遠《えいえん》に結論《けつろん》に反映《はんえい》されなくなってしまいます。

　それぞれが「こういう理由から、このクラスでこれをやりたい」と主張《しゅちょう》したうえで、少数派をふくめたみんなにとってどの選択《せんたく》がいちばんいいのかを考える機会が必要です。

・・・多数決・・・

いいところ

- みんな平等に１票ずつの権利《けんり》をもつ
- 短い時間で結論が出せる

悪いところ

- 議題について話し合いが足りなくても結論が出せてしまう
- 挙手制《きょしゅせい》などの方法だと、人の行動につられてしまう

賛成《さんせい》反対だけではない「意思決定」

できることのなかから何をするか決めることを意思決定といいます。全員が納得《なっとく》する意思決定をするにはどうすればいいのでしょうか。

アメリカで、グローバリズムに反対する市民運動のなかで使われた、意思決定のルールを紹介《しょうかい》します。この市民運動には、さまざまな意見をもつ多様な人が集まりました。多様すぎて意思決定もたいへんでしたが、キリスト教のクェーカー派《は》が使っていたこの方法で、話し合いがうまくいったと報告《ほうこく》されています。

【ルール１】 賛成《さんせい》でも反対でもない「傍観《ぼうかん》」をしてもよい

一つめは、議論《ぎろん》のあと、それぞれが自分の結論《けつろん》を決めるときに「傍観」という立場も選べることです。

「傍観」は、そばで見ているという意味。「このアイデアには賛成しないし、行動にも参加しないが、ほかの人がやるのはとめない」という立場をとることを、みんなの前で明らかにするのです。

【ルール２】 全員が拒否権《きょひけん》をもつ

二つめは、話し合いに参加する全員が、提案《ていあん》に対する拒否権をもつことです。だれかがその拒否権を使えば、たとえ何人賛成していてもそれだけで提案は却下《きゃっか》されます。拒否権はとても強力なので、集団の理念や目的に反する提案がなされたときに使われます。

アメリカの人類学者《じんるいがくしゃ》デヴィッド・グレーバーは、この話し合いのルールに、人それぞれのことなる考えを生かす大きな可能性《かのうせい》を感じ、著書《ちょしょ》で紹介《しょうかい》しました。

ボランティアの原則《げんそく》にもあるように、ボランティアで大切なのはやりたいという自発的《じはつてき》な意思です。「傍観」をみとめることで、「これがやりたい」と提案した人の自発性を尊重《そんちょう》することができます。しかし、たとえその自発的な意思が善意《ぜんい》にもとづいていても、それだけでぜったいに正しいとはいいきれません。ハンセン病の例で見た通りです。そこで全員に拒否権をみとめることで、だれかがまちがいに気づけば行動をとめることができます。「傍観」と拒否権は、ボランティアがもつ可能性と危険性《きけんせい》を見すえた、すぐれたルールだと考えられます。

グローバリズム

おもに経済《けいざい》の分野で、地球規模《きぼ》での取引を進めようとする考えかた。強い経済力《けいざいりょく》をもつ国や企業《きぎょう》が、世界中に取引を広げることでより強い力をもつことになるため、20世紀末《せいきまつ》からこの動き（グローバリゼーション）に反対する運動が各地で起こっている。

クェーカー派《は》

17世紀《せいき》半ばにイギリスで生まれた、キリスト教プロテスタントの一派《いっぱ》。フレンド派ともいう。おもにイギリスとアメリカに信者がおり、質素《しっそ》な服装《ふくそう》やくらしぶりと、チャリティに熱心なことで知られている。

参考資料《しりょう》　デヴィッド・グレーバー著《ちょ》 高祖《こうそ》岩三郎《いわさぶろう》訳《やく》『アナーキスト人類学のための断章《だんしょう》』（以文社《いぶんしゃ》）

みんなの知恵《ちえ》を集める
ファシリテーション

話し合いの場で、参加者の意見を整理したり、適切《てきせつ》に発言をうながしたりしながら、みんなが納得《なっとく》のいく結論《けつろん》に到達《とうたつ》できるようにみちびく手法をファシリテーションといいます。37 ページで紹介《しょうかい》したような、話し合いのルールを設定《せってい》するのもファシリテーションの一つです。ボランティア活動に生かせるファシリテーションの例を見てみましょう。

こんなふうに話し合いを進めてみよう

話し合いをつくる技法《ぎほう》であるファシリテーションは、司会の役割《やくわり》をもつファシリテーターがおもに行います。ファシリテーターはみんなの意見を広くとりあげることに心を配り、強い力をもって話し合いを動かさないようにします。参加者もファシリテーターに協力します。

37 ページで紹介《しょうかい》した「傍観《ぼうかん》」や拒否権《きょひけん》のルールを組みこんだ、活動の方針《ほうしん》を決める話し合いの流れを紹介《しょうかい》しましょう。

［テーマの例］集団《しゅうだん》のこれからの活動方針を決める

1▸ Aさんが、活動方針を提案《ていあん》する。

2▸ ファシリテーターがAさんに質問《しつもん》をしたりして、みんながその方針の意味やポイントを理解《りかい》できるようにする。

3▸ ファシリテーターが、Aさんの提案のなかで、賛成《さんせい》／反対に分かれそうなことをとりあげ、みんなの意見を聞く。

↳Aさんの提案に否定的《ひていてき》な人が、それを解消《かいしょう》する新しい提案を出す。

↳Aさんは、それを受けいれるかもしれないし、受けいれないかもしれない。

↳新しい提案は却下《きゃっか》されたり、もっとよい内容《ないよう》に変えられたり、ほかの提案とまとめられたり、保留《ほりゅう》にされたりする。

出典　デヴィッド・グレーバー著《ちょ》 木下《きのした》ちがや・江上賢一郎《えがみけんいちろう》・原《はら》 民樹《たみき》訳《やく》
『デモクラシー・プロジェクト――オキュパイ運動・直接《ちょくせつ》民主主義《しゅぎ》・集合的想像力《そうぞうりょく》』（航思社《こうししゃ》）

4▶ ファシリテーターは、まとまった提案について、みんなに次のように確認《かくにん》する。

↳「傍観」を望む人がいるかたずねる。
「傍観」は、賛成でも反対でもない。「このアイデアには賛成しないいし、行動にも参加しないが、ほかの人がやるのはとめない」という立場。「傍観」する人が理由を説明するための時間をつくる。

↳ 拒否権を使う人がいるかたずねる。
拒否権を使う人がいれば、この提案は通らない。このとき、拒否権を使った人と提案者のＡさんが話し合う時間をもうける。提案が集団の理念や目的に反しているのかをたしかめる。

↳ 拒否権を使う人がいなければ、提案が通る。

話し合いがもつ意味

ここまで話し合いについて考えてきましたが、みなさんはどんな感想をもったでしょうか。みんなが納得《なっとく》する話し合いっていいなと思ういっぽうで、なんだか面倒《めんどう》くさいなと感じたかもしれません。

じつは、民主的な手つづきというのはとても面倒くさいものなのです。イギリスで長く首相《しゅしょう》をつとめたウィンストン・チャーチルは、次のようなことばを残しています。「民主主義《みんしゅしゅぎ》がまるで完璧《かんぺき》か、万能であるかのようにいつわることはできない。じっさい、民主主義は最悪の政治形態《せいじけいたい》だ。これまでにためされてきたほかのすべての政治形態をのぞけば」。

話し合いでものごとを進める民主主義は、さまざまなところに危険防止《きけんぼうし》のブレーキがついている、スピードのおそい車です。しかしいくらおそくても、独裁者《どくさいしゃ》がそのスピードで少数派《しょうすうは》の人びとをおしつぶしてしまうよりはいくらかましだ、ということではないでしょうか。たとえば拒否権《きょひけん》のルールは、だれか一人《ひとり》がまちがいに気づくことができたら、そのまちがいをさけられるブレーキです。

政府《せいふ》もまちがうことがあります。善意《ぜんい》で自発的に活動するまじめな人もまちがうことがあります。だから、話し合いをして、みんなで知恵《ちえ》をしぼる必要があるのです。

第5章

ボランティアがもたらすもの

ボランティアに何ができるのか

ボランティア活動を行っている人は、それぞれに目的や理想をもっています。こんないいかたをすると、ボランティアに対するハードルが高くなってしまうでしょうか。

じっさいは、世の中の人たちはごく自然発生的にボランティアを行っています。それは、その活動に必要性《ひつようせい》を感じているからです。ボランティア活動をしている人たちはわたしたちのまわりにたくさんいます。わたしたちがくらす社会は、気づかないうちにボランティアの力にささえられているのです。

ボランティアは、人を助けることで、自分が属《ぞく》する社会全体をくらしやすくする活動でもあります。「世のため」は「自分のため」でもあるのです。

1995年の阪神《はんしん》・淡路大震災《あわじだいしんさい》当時、兵庫県芦屋市《あしやし》の高校で救援物資《きゅうえんぶっし》を運ぶ学生ボランティア。被災地《ひさいち》では多くの災害《さいがい》ボランティアが活動し、ボランティアが広く知られるきっかけになった。

©朝日新聞社

社会のしくみとボランティア

ここまで、ボランティアとは何か、思考実験や過去《かこ》の例を通して考えてきました。ところで、日本の社会のなかでボランティアはどのように活動しているのでしょう。ボランティアをささえるしくみや、社会のいろいろなところで活動しているボランティアの例を見てみましょう。

NPO 法人とボランティア

現在《げんざい》、日本で活動するボランティア団体《だんたい》には「NPO 法人」とよばれる団体がたくさんあります。

NPOは、英語のNon《ノン》-Profit《プロフィット》 Organization《オーガニゼーション》の頭文字《かしらもじ》をとったことばで、日本語に訳《やく》すと非営利組織《ひえいりそしき》です。営利《えいり》を目的とせずに活動を行う団体を広くさします。

いっぽう、日本でいう「NPO 法人」は、1998 年にできた NPO 法人（特定非営利活動法人）制度《せいど》にもとづき、法人格《ほうじんかく》を得《え》た団体のことです。法人格がなくてもボランティア活動をするグループはつくれます。しかし法人格がないと、グループの名前で契約《けいやく》や取引などができず、あくまでグループの代表が個人《こじん》として契約や取引をしなくてはなりません。これに不便を感じるグループが、法人格を取得《しゅとく》して NPO 法人となって活動します。NPO 法人になると、公《おおやけ》にみとめられた団体として信用してもらいやすくなるという効果《こうか》もあります。

NPO 法人の活動分野は、法律《ほうりつ》で下のように定められています。

・・・NPO法人の活動分野・・・

●保健《ほけん》・医療《いりょう》・福祉《ふくし》 ●社会教育 ●まちづくり ●観光 ●農山漁村・中山間地域《ちいき》の活性化《かっせいか》 ●学術《がくじゅつ》、文化、芸術《げいじゅつ》またはスポーツ ●環境《かんきょう》 ●災害救援《さいがいきゅうえん》 ●地域安全 ●人権《じんけん》の擁護《ようご》・平和の推進《すいしん》 ●国際《こくさい》協力 ●男女共同参画 ●子ども ●情報化《じょうほうか》社会の発展《はってん》 ●科学技術《ぎじゅつ》 ●経済《けいざい》活動の活性化 ●職業訓練《しょくぎょうくんれん》や就職《しゅうしょく》の支援《しえん》 ●消費者保護《しょうひしゃほご》 ●これらの活動をする団体の支援 ●これらの活動に近い、都道府県・指定都市の条例《じょうれい》で定める活動

コラム

寄付《きふ》した人が税《ぜい》を免除《めんじょ》される認定《にんてい》NPO 法人

NPO 法人は、担当《たんとう》の官庁《かんちょう》に認定《にんてい》を受けると、認定 NPO 法人になることができます。

認定 NPO 法人になると、その団体《だんたい》に寄付《きふ》した人は、額《がく》におうじて、国にしはらう税金《ぜいきん》が少なくなります。NPO 法人への寄付をしやすくすることで、NPO 法人の活動を助ける制度《せいど》です。

ボランティアと現場《げんば》をつなぐボランティアセンター

ボランティア活動についての情報《じょうほう》は、NPO法人をふくむボランティア団体《だんたい》のほか、ボランティアを紹介《しょうかい》する専門《せんもん》の施設《しせつ》であるボランティアセンターからも得《え》られます。

ボランティアセンターは、ボランティアを必要としている人や団体の情報を集めて紹介《しょうかい》したり、活動にかかわる相談を受けたり、活動に必要な教育や研修《けんしゅう》を行ったりします。ボランティア・コーディネーターとよばれる専門の職員《しょくいん》がいることもあります。

市区町村に一つ、それぞれの地域《ちいき》の社会福祉《ふくし》活動を助ける民間の組織《そしき》である社会福祉協議会が置かれています。地域のボランティアセンターは、おもにこの社会福祉協議会が運営《うんえい》しています。また、多くの大学にもボランティアセンターがあり、大学生活のなかで本格的《ほんかくてき》なボランティアをはじめる人もたくさんいます。

地域《ちいき》のなかにもボランティア

みなさんの身近にも、ボランティアがになっている役割《やくわり》があります。

PTA　学校に通う子どもたちの教育を充実《じゅうじつ》させるため、保護者《ほごしゃ》と学校の先生がつくる団体《だんたい》です。保護者はボランティアとして活動を行っているといえます。

自治会（町内会）　地域《ちいき》に住む人たちが集まった団体で、分担《ぶんたん》してごみ収《しゅう》集所《しゅうじょ》の管理やお祭りの運営《うんえい》などを行います。これらの活動も多くがボランティアにあてはまります。

消防団《しょうぼうだん》　市区町村の消防署員《しょうぼうしょいん》とはべつに、緊急《きんきゅう》のときに自分が住む地域で消防活動を行う団体です。団員はふだんはほかの仕事をしながら、定期的に訓練を行います。非常勤特別職《ひじょうきんとくべつしょく》の地方公務員《こうむいん》であり、年ごとに数万円ほど、出動ごとに数千円ほどの手当がありますが、地域を災害《さいがい》から助ける活動に自発的に参加するボランティアといえます。

水害対応《たいおう》の訓練として、土のうを積む消防団員《しょうぼうだんいん》。　©朝日新聞社

民生委員・児童委員　地域についてよく知っている人が選ばれる、住民からの相談を受け、行政《ぎょうせい》のサービスなどにつなぐ役職《やくしょく》です。支給《しきゅう》されるのは活動にかかった経費《けいひ》だけなので、活動はほぼ無償《むしょう》です。

ボランティアを通じて出会うということ

ボランティアを行う人たちとはどんな人たちで、活動のなかでどんなものを得《え》ているのでしょう。「ボランティアって何？」という疑問《ぎもん》をめぐって考えてきたこの本のしめくくりに、この本を監修《かんしゅう》しているボランティア学の研究者、西尾雄志《にしおたけし》先生が大切にしていることばをヒントにさぐってみましょう。

あしたの予感

ボランティアで得《え》られるものとは何なのか、西尾《にしお》先生の体験から考えてみましょう。

わたしが大学生のころからたずさわっている非営利団体《ひえいりだんたい》の先輩《せんぱい》が、こんな話をしてくれました。

あるとき、先輩は活動にゆきづまってしまいました。ほとほとつかれて思いなやみ、出口が見えない状況《じょうきょう》でした。そこで彼《かれ》は、さらに先輩にあたる人にたずねたそうです。

「こういった活動をつづけるエネルギーは、なんですか？」

そうするとその人は、こう答えました。

「あした出会う人が、もしかするとわたしの人生を変えてしまうかもしれないという予感。これがこの活動のパトス、情熱《じょうねつ》なんだ」

自分の人生をふりかえって、ボランティアで出会ったたくさんの人たちを思いうかべると、まさしく、そのとおりだと実感します。その人たちが、わたしの人生を根本的に変えてきました。そして、そんな出会いがあしたあるかもしれないという予感を胸《むね》に、活動をつづけてきたように思います。

わたしが先輩からもらったこのことばは時代をこえ、わたしとともに活動した大学生たちの心にもとどいたようです。そのなかの一人《ひとり》が、この本の最初に登場してくれた原田僚太郎《はらだりょうたろう》さんです。

27ページにもあるとおり、人間が合理的にものごとを考えるようになると、世界の富の量は爆発的《ばくはつてき》にふえます。しかしその反面、人間は、お金にならないことや命令されていないことをしなくなり、出世のために勉強するだけになってしまいます。そして快楽《かいらく》と、人生の幸福を同一視《どういつし》するようになります。そうすると人間は意味を失い、自由を失い、それでも自分はイケていると思いこんでしまいます。これがドイツの社会学者マックス・ヴェーバーによる、近代という時代の分析《ぶんせき》だとわたしは解釈《かいしゃく》しています。まるで、重い病気の診断書《しんだんしょ》のようです。マックス・ヴェーバーは、この病気の処方《しょほう》せんを書けないまま、この世を去ったように思います。およそ100年前のことです。

2004年ごろ、中国のハンセン病快復村《かいふくむら》ワークキャンプで。左がわたし（西尾《にしお》）、右は中国の学生ボランティアです。

　わたしが知るボランティアは、この重い病気におちいるのを脱《だっ》しようと行動する人です。お金をもらえなくても、だれかから命令されたわけでもないのに、あえて行動する人たちです。そういった人は、人を動かす力をもつのです。このシリーズを通して、ぜひ、そういった人たちに、出会ってください。みなさんの人生を変えてしまうかもしれない人たちとの出会いがある。わたしはそう予感しています。

考えてみよう

あなたはボランティア活動に、どんな期待をもちますか？

自分にどんなことができるかためしてみたい！

将来《しょうらい》やりたいことがいまはとくにないんだけど、見つけるきっかけになるといいな。

現実《げんじつ》を見すえて、一歩ずつ進む

この第１巻《かん》では、思考実験や問いかけを通して、ボランティアとは何かを考えてきました。

第２巻から第５巻では、環境《かんきょう》、福祉《ふくし》、国際《こくさい》協力、まちづくり・災害《さいがい》の４つの分野で活動する団体《だんたい》を紹介《しょうかい》しています。じっさいの活動の様子を読みながら、ボランティアの３原則《げんそく》について、ボランティアがおちいりやすいワナについて思いかえしてみてください。活動している人たちの思いが見えてきて、きっと新たな発見があるでしょう。

ボランティア活動は社会の問題に立ちむかうなかで、国の法律《ほうりつ》や制度《せいど》、市区町村などの地方公共団体、まわりの自然環境、経済《けいざい》や国際関係、地《ち》域《いき》の歴史《れきし》など、さまざまなものとかかわりあい、影響《えいきょう》を受けます。それぞれの活動に大きく影響しているものは何か、それにどう対応《たいおう》しているかをくらべることでも、活動のなりたちや特徴《とくちょう》がわかります。

日本で、また世界中で、さまざまな人がさまざまなやりかたで、それぞれの課題にとりくんでいます。ボランティアには、だれかが決めた正《せい》解《かい》はありません。「何をやるか」「なぜやるか」「どのようにやるか」のどれにも正解はなく、いろいろな条件《じょうけん》や制約《せいやく》のもとでくふうをこらし、試行錯誤《さくご》するなかに、楽しみや喜《よろこ》びがあるのです。

さあ、ボランティアの世界に足をふみいれてみましょう。たくさんの出会いがあなたを待っています。

さくいん

●監修

西尾雄志（にしお・たけし）

早稲田大学大学院社会科学研究科満期退学。博士（学術）。学生時代よりFIWC（フレンズ国際ワークキャンプ）関東委員会で活動を行う。早稲田大学平山郁夫記念ボランティアセンター客員准教授などをへて、現在は近畿大学総合社会学部准教授。日本ボランティア学習協会理事、日本財団ボランティアセンター理事。著書に『ハンセン病の「脱」神話化　自己実現型ボランティアの可能性と陥穽』（皓星社）、共著に『承認欲望の社会変革　ワークキャンプにみる若者の連帯技法』（京都大学学術出版会）がある。

●取材協力（五十音順）

西尾雄志
原田僚太郎（「家 -JIA-」(Joy In Action)）

●写真提供（五十音順）

朝日新聞社
アフロ
「家 -JIA-」(Joy In Action)

●表紙・カバー写真提供

大…アフロ / 毎日新聞社
小…「家 -JIA-」(Joy In Action)

●本扉写真提供

アフロ / 毎日新聞社

●スタッフ

執　筆	粟生こずえ
装　丁	村口敬太（Linon）
デザイン・組版	株式会社ライツ（角田竜一）
イラスト	宮下やすこ
校　正	菅村薫
編集・制作	平尾小径 株式会社桂樹社グループ
編集協力	當摩裕子
制作協力	福島デザイン室

ISBN978-4-7999-0435-0　NDC 369　48p　293×215mm

もっと知りたいボランティア

1　ボランティアって、何？

2022年3月　初版第1刷発行

発行者　水谷 泰三
監　修　西尾 雄志
発　行　株式会社文溪堂

〒112-8635　東京都文京区大塚3-16-12
TEL　営業(03)5976-1515　編集(03)5976-1511
ホームページ　https://www.bunkei.co.jp

印刷・製本　図書印刷株式会社

ボランティアとは何か？
その本質がわかる本格シリーズ

もっと知りたい　ボランティア

（全５巻）

●ボランティアの３原則「自発性」「公共性」「非営利性」などについて、掘り下げて解説。ボランティアを深く知り、深く学べる、本格シリーズ。

●１巻では、様々な例を用いての「思考実験」を行ない、なぜ、人はボランティアを行うのか、その背景にはどんな人間の行動・思考が隠されているのか…まで、子どもたちに深く考えさせる内容です。

●２～５巻では、各巻、「環境」「福祉」「国際協力」「地域社会・災害」とジャンルをわけ、それぞれ７つのボランティア団体、NPO などを取材、実際に活動している人の証言なども交え、具体的に紹介しています。

●ボランティアの活動を SDGs の観点から捉え、それぞれ、SDGs のどのゴール（目標）に関わるか、アイコンでわかりやすく示しています。

●子どもたちが、将来、ボランティア団体、NPO、NGO などを自分たちの進路の選択肢の一つとして考えられ、キャリア教育にも最適な、今までなかったシリーズです。

監修：西尾雄志（近畿大学准教授）

各巻構成

Ａ４変判
各 48 ページ
NDC369
（社会福祉）

1　ボランティアって、何？
2　知ろう！ 環境ボランティア
3　知ろう！ 福祉ボランティア
4　知ろう！ 国際協力ボランティア
5　知ろう！ 地域社会・災害ボランティア